AF233120

LE SUD DU YUN-NAN

PAR

BONS D'ANTY

EXTRAIT DES *GUIDES MADROLLE* : CHINE DU NORD

PARIS

COMITÉ DE L'ASIE FRANÇAISE

19, Rue Bonaparte

1904

Tous droits réservés

De Mong-tseu à Che-p'ing-tcheou.

par Bons d'Anty

Trajet en 5 étapes : De Mong-tseu-hien à Ki-kai 5 h. de marche, à Mien-tien 5 h. 1/2, à Lin-ngan-fou 5 h., à Hai-tong 5 h., à Che-p'ing-tcheou 3 h. 1/2.

On quitte *Mong-tseu-hien* par le faubourg de l'O. ; le sentier prend une direction N.-O., en traversant une plaine rougeâtre, dénudée, limitée dans le lointain par des montagnes ; vers l'E. le Tong chan ou Monts orientaux, à l'O. la chaîne Mou-tso, terme indigène dont les Chinois ont fai Mong-tseu.

Sur la dr. le hameau lo-lo de *Che-li-p'ou*, « Etape de dix li ».

Une digue traverse la lagune de Tch'ang-k'iao-hai, 10 k. ; la nappe d'eau de l'O,, est le Li-hai, « Lac des Carpes ». ou Ta-touen hai, sur la g., *Yi-ko-p'ou*, village lo-lo, de la tribu appelée T'ou-lao par les Chinois.

Le terrain devient accidenté, puis on arrive dans une vallée bien irriguée, cultivée en rizières. Un pont en pierres sur un affluent du Ting-chouei dont la direct. est N.-E., 26 k., *Ki-kai* « marché de volaille » (se prononce ici Tsi-kai), *auberge*, poste militaire, centre de 500 hab., où se tient tous les six jours, un marché important très fréquenté par les Lo-lo.

On gagne la colline ; le sentier court à travers un terrain semé de débris calcaires.

Un pont en pierre, d'une arche ; puis le hameau de *Che-ngai-tchai*, « Village du défilé rocheux », habité par des Chinois et des Lo-lo ; les habitations sont en pisé et à toi plat.

Un pont, puis un second, le *Houei-sien-k'iao* « Pont de la réunion des Génies », dont les parapets sont surmontés de vestiges de fortifications élevées lors de la rebellion musulmane.

P'an-tche-houa (pron loc. P'an-dja-houá), groupement d'une centaine d'âmes ; plusieurs auberges.

Plusieurs villages dispersés sur les collines, puis le paysage redevient sauvage et morne.

So-lo-tchouang.

Dans une fissure du sol, une rivière ; un pont en maçonnerie franchit le ravin ; sur la pile centrale est sculpté un oiseau aux ailes éployées.

Un autre pont, celui-ci en dos d'âne.

C'est à 2 k. de là que se trouve la « Grotte des Hirondelles » ou ★**Yen-tseu-tong**. Le lieu comprend une pagode extérieure et les grottes. (On peut y coucher plus confortablement qu'à l'étape de Mien-tien.)

Le Lou-kiang, émissaire du lac de Che-p'ing, qui, après avoir arrosé la plaine de Lin-ngan, avait disparu sous terre, réapparait entre des terres très encaissées.

Une vaste pagode, bâtie de façon à masquer l'ouverture des grottes, occupe l'extrémité orientale d'une terrasse.

Ce temple fut construit vers 1840, sur l'initiative de l'académicien (han-lin) Fou, originaire de cette région, que la beauté du site avait séduit. Il est dédié à Kouan-yin, bodhisattva d'O-mi-t'o-fo (Amitâbha) la première divinité du Tibet.

Kouan-yin est toujours représentée en Chine sous la forme d'une femme, tenant le plus souvent un petit enfant dans ses bras. Les Chinois, particulièrement, l'invoquent de préférence à tous les Bouddha ou Arhat auxquels ils rendent un culte ; le nom qu'ils lui ont donné signifie « Tout yeux et tout oreilles pour les souffrances, les plaintes et les prières des humains »; ils l'appellent aussi « l'Infiniment miséricordieux, secourable, etc. », aux époques où se célèbre sa fête (2ᵉ et 6ᵉ lunes), un immense concours des pèlerins des deux sexes, venus de toutes les parties de la province, se rassemblent dans le temple.

Les bâtiments sont dans un excellent état de conservation. Dans le grand hall, au centre de l'autel la tablette du « Très Saint Maître de l'antiquité, le sage K'ong », Confucius ; puis trois statues colossales au visage doré, personnifiant les différents mondes, San-che, Sau-kiai, ou les « Trois Mondes, les Trois Régions », dans lesquels évoluent les âmes d'après le dogme bouddhique : le Monde du Désir, celui des Formes, et celui des Purs esprits.

Vis-à-vis du sanctuaire, un salon, meublé de quelques tables et de larges divans en bois, s'ouvre sur la première grotte.

Ces deux pavillons principaux sont reliés par des ailes où logent les gardiens ; au milieu est un espace découvert, dallé, orné d'un brûle-parfums fondu en 1781, et deux grands vases datant de 1800, le tout est en bronze et est un beau travail. Dans cette cour intérieure, des grenadiers, des hibiscus et des lagerstœmia.

La façade du salon ferme le soupirail d'une immense caverne et elle porte un balcon, du haut duquel on peut admirer le superbe coup d'œil qu'offre la voûte naturelle d'où tombent en pendentif d'énormes stalactites et qui recouvre une vaste terrasse dallée, bordée par une balustrade de marbre et éclairée de face par une gigantesque baie cintrée.

On descend sur cette terrasse par des escaliers et des paliers également bordés de rampes de marbre. Ces parapets sont divisés en caissons carrés décorés de bas-reliefs, par des colonnettes surmontées de petites statues représentant des lions.

Le pourtour en fer à cheval de la terrasse est occupé par des chapelles ; sur la g., un boyau qui s'évide dans l'épaisseur des roches conduit à une loggia en bois accrochée comme une cage à la paroi extérieure.

Faisant exactement pendant à l'arcade de cette première caverne, se découpe, à trente mètres de distance à peine, la grandiose entrée d'une autre grotte dans laquelle s'engouffre la rivière dont le lit se termine brusquement ici en cul-de-sac. La masse d'eau plonge et ne reparaît à la lumière que dans la vallée d'A-mi-tcheou. Ce massif calcaire, sous lequel le cours d'eau disparaît, est situé à la limite des arrondissements de A-mi-tcheou, et de Kien-chouei-hien, sous-préfect. dont le siège est dans la cité de Lin-ngan.

Des nuées d'hirondelles, voltigent continuellement au-dessus des cavernes et autour des orifices, se poursuivant en s'appelant de leur cri bref amplifié et mille fois répété par l'écho. C'est cette particularité qui vaut son nom à l'endroit, connu dans tout le Yun-nan sous l'appelation de Yen-tseu-tong (pron. loc. Yen-dze-tong) « grottes des hirondelles ». Ces oiseaux font leurs nids dans les anfractuosités du souterrain où se perd le Lou-kiang; les nids sont comestibles; de qualité très inférieure, ils se vendaient autrefois de trois à cinq taëls la livre, mais ils sont très demandés depuis quelque temps et leur prix s'est élevé à sept taëls. (Les nids de bonne qualité valent au Yun-nan de seize à trente taëls la livre.)

Les chasseurs de nids ont contribué à l'embellissement du paysage en allant suspendre au fronton de la seconde caverne, dans le fouillis de stalactites, des ex-voto, cartouches rectangulaires où, sur un champ de laque de couleur éclatante, se détachent en relief des lettres d'or, pieuses sentences parmi lesquelles revient le plus fréquemment cette expression d'une croyance en vue d'intervention d'Etres surnaturels dans les affaires humaines : « Demandez et il vous sera accordé ».

Dans la grotte du Temple, les inscriptions, tablettes officielles, poésies, ex-voto, graphiti, etc., sont innombrables. L'une d'elles est assez curieuse et peint bien les sentiments d'exaltation lyrique que peut faire naître dans l'âme d'un Chinois le merveilleux spectacle que l'on doit avoir ici sous les yeux quand, par une belle nuit, la lumière de la lune miroite sur les eaux qu'elle argente de ses reflets. — « Je me repais de la Lune et je bois la source ! » — Telle est l'exclamation qu'un enthousiaste a fait graver sur le roc.

La route des Caravanes passe sur le Yong-ting-k'iao, « Établi pour l'éternité », pont de trois arches, orné au centre de deux pagodons en marbre.

Le bourg de *Chouang-tien-tchai*.

54 k. 300, **Mien-tien**, vastes hôtelleries, résidence d'un mandarin de police.

Sur la dr. les hameaux de *Ma-kia-tchouang*, « village de la famille Ma »; *Ho-nien-ti*, *Long-t'an* « Source du Dragon ».

Des ponceaux sont jetés sur les ravins, puis le sentier s'enfonce dans un repli du relief suivant un couloir aux parois escarpées.

Un pont, qui enjambe une tranchée, porte, au milieu de son parapet de dr., une pagode de marbre d'un travail soigné; une sorte de chapeau chinois, soutenu par deux dragons,

coiffe une niche dont le fond est occupé par un ɕbas-relief
représentant la déesse Kouan-yin tenant un enfant dans ses
bras. Une inscription fait connaître que le nom de ce passage
est « Pont de la vallée délaissée ».

Le pays redevient morne, et la terre aride.

Au croisement de plusieurs sentiers, après le hameau de
Ma-tchai, un cippe indicateur dit : « Sur la g , direction
d'A-mi-tcheou par Yang-tien ; sur la dr., grande route de
Mong-tseu par Mien-tien ; pour gagner Lin-ngan par le pont
de Tien-yun, suivre la voie sur laquelle cette stèle est placée.»

Ces pierres-itinéraires sont très répandues tout le long du trajet;
elles sont posées, non sur l'initiative des mandarins, mais par les
soins de particuliers qui cherchent à s'attirer la faveur céleste en
accomplissant une bonne œuvre; celle-ci a été érigée en 1884 par un
habitant du pays, nommé Tou. Le souvenir de troubles causés par
l'insurrection musulmane, toujours vivace dans la contrée, a inspiré
une inscription gravée sur la stèle, prononçant des malédictions
contre les rebelles : « Que les cordes de leurs arcs se brisent et puisse
cette pierre arrêter le vol de leurs flèches! »

Un gros bourg *T'ien-kiun-ying*.

La désinence Ying, « camp », rappelle une des nombreuses colonies militaires qui constituèrent les premiers établissements des
Chinois dans la contrée.

Le chemin décrit des zigzags, franchissant à plusieurs
reprises le lit desséché de grands torrents, sur des ponts,
dont l'un, le T'ien-lo-k'iao, à trois arches, est surmonté
d'une toiture. Ces sortes de ponts sont dits Fou-tao « voies
couvertes ». Au centre, un pagodon est flanqué de stèles
commémoratives.

A g. de *Sseu kiao-tchai*, la lagune, appelée Kien-chouei
« Eaux bâties », est considérée par les indigènes comme
étant le dernier vestige d'un lac qui, dans les temps anciens,
occupait cette vallée.

Au centre du faubourg E. de Lin-ngan, un curieux
petit pont de plusieurs arches, auquel on accède à chaque
bout par des degrés et dont le tablier fort étroit est ourlé de
parapets tout à fait bas. Puis un portique géant, en bois,
orné de sculptures et peint de couleurs éclatantes.

Lin-ngan-fou. La ville est le siège d'une préfecture
(fou), et la résidence du sous-préfet (tche-hien) du Kien-
chouei-hien. C'est une cité de 12.000 h., sans grande activité
commerciale ou industrielle. Les sucreries, les distilleries,
les papeteries, les poteries, si nombreuses dans la banlieue

ne fournissent qu'une zone restreinte, et les seuls objets ma-
nufacturés qui s'exportent hors des limités de la province
sont quelques tissus et des fourneaux de pipes à opium.

Historique de la contrée. Les territoires, qui ont été englobés
dans la préfecture de Lin-ngan, étaient habités à l'époque du « Yu-
kong » (Tributs de Yu), par des populations sauvages du Leang-
tcheou. A cette aube des temps historiques, la région appartenait
au pays de Kiu-ting. Les Chinois y auraient pénétré à une époque
très reculée. Sous l'empereur Wou-ti des Han, soit vers l'an 140 av.
J.C., les habitants de cette contrée auraient été soumis et elle serait
devenue un arrondissement (hien) du département de Tsang-ko, rattaché, au III° siècle (1) de notre ère, à celui de Hing-kou. A partir du VI°
siècle, il fut appelé Nan ning-tcheou puis dépendit du gouvernement
(tou-tou-fou) de K'ien-tcheou. Depuis le milieu du VIII° siècle jusqu'au XIII° siècle, cette région participa à l'indépendance
dont jouit la plus grande partie du Yun-nan sous les souverains de
Nan-tchao et de Ta-li; vers 750, un roi de Nan-tchao, s'en étant
emparé, en fit un gouvernement (tou-tou-fou) auquel les princes de
la famille Mong donnèrent le nom de T'ong-hai, qui est porté de nos
jours par l'une des dépendances de la préfecture : incorporée plus
tard au royaume de Ta-li, elle forma successivement la subdivision (tsie-tou) de T'ong-hai, puis un département (kiun) appelé,
d'abord Sieou-chan, mais qui reprit bientôt la dénomination de
T'ong-hai. Elle fit longtemps partie de la tribu des A-p'o.

C'est seulement sous la dynastie des Yuan, en 1257, qu'elle fut
définitivement acquise à l'Empire. Elle constitua en premier lieu
un canton aborigène A-p'o-pou-wan-hou-fou, ou « dix mille familles du pays de A-p'o ». En 1271, le canton devint une préfecture (lou), désignée sous le nom de Nan-lou, et enfin, en 1276, sous
celui de Lin-ngan qui apparaît alors pour la première fois. Au début de la dynastie des Ming, en 1382, le terme « lou », employé
sous les Mongols pour indiquer les préfectures, fut remplacé par
le mot « fou » ; du Lin-ngan-lou, on fit ainsi le Lin-ngan-fou.

Historique de la ville. Sous les T'ang, l'emplacement de cette
ville était habité par des Wou-mo. Le Lieu s'appelait alors Pou-t'eou
ou Pa-tien. Au IX° siècle de notre ère, un roi du Nan-tchao y fonda
une cité qu'il nomma Houei-li, et les mots Kien-chouei « Eaux
bâties, bâti sur les eaux » qui désignent maintenant encore le district
qui a son siège à Lin-ngan seraient la traduction chinoise du nom
aborigène, laquelle aurait été motivée par ce fait que le nouveau
centre fut construit dans la cuvette d'un lac en voie d'assèchement,
mais d'où les eaux ne s'étaient pas encore complètement retirées.
Du temps de la famille Touan, la cité fut prise par les barbares Sie-
mo-t'ou

Lorsque les Yuan eurent réuni le pays à l'Empire, au XIII°

---

(1) Pendant la 3° année, kien-hing (225), le ministre Leang fit une
expédition militaire vers le S , et détacha du Kien-ning et du Tsang-
ko ce qui constitue le Hing-kou-kiun. Du temps des Han du Sseu-
tch'ouan, le territoire S.-E. du *fou* actuel formait partie du département de Leang-chouei. Sous les Tsin (265-419) et après eux, le
pays de Lin-ngan continua de faire partie du Hing-kou-kiun. A la fin
des Leang (avant 557), on supprima cette circonscription. Pendant
la 7° année wou-to (624), des T'ang, fut créé le Nan-long-tcheou.
Durant les années tchen-kouan (627-649), on changea ce nom en Kiu-
tcheou, dépendant du tou-tou-fou de Jong-tcheou. (*Grande Géogra-
phie Impériale*. VISSIÈRE.)

siècle, la ville fut quelque temps une subdivision (ts'ien-hou, « mille familles ») du *canton d'A-p'o* : en 1276, elle fut érigée en préfecture de seconde classe (tcheou) ; devenue, sous les Ming, chef-lieu du fou de Lin-ngan, elle est, en outre, depuis 1770, chef-lieu de la sous-préfecture *intra-muros* (hien et non tcheou) de Kien-chouei.

Au cours de la rébellion musulmane, Lin-ngan joua un rôle considérable. Elle fut le foyer de la résistance des Impériaux dans le sud de la province. Pendant plusieurs années, à la faveur des troubles, elle acquit une certaine indépendance vis-à-vis du pouvoir central et fut gouvernée par des dictateurs qui, sous couleur de sauvegarder la région des entreprises des Houei-tseu (musulmans), s'y étaient taillé une sorte de principauté.

Par suite de sa position au centre des parties méridionales du Yun-nan, Lin-ngan est considérée par les Chinois comme ayant la plus haute importance aux points de vue politique et stratégique. C'est, disent-ils, à la fois une porte et une écluse : la porte qui commande l'accès de la province au sud, l'écluse au moyen de laquelle on peut inonder le pays de soldats.

En 1903, des *rebelles* occupèrent momentanément la cité préfectorale.

Lin-ngan-fou, est ceinte d'une muraille crénelée en briques, posée sur un haut soubassement en pierres, et à laquelle sont accolés deux faubourgs, celui de la porte de l'O., et dans la direction opposée le Tong-men-wai, agglomération très importante où réside tout le commerce.

Dans la ville murée, les temples, les yamen des mandarins, et de nombreuses habitations en pisé avec des toitures plates.

Le temple le mieux conservé est le *T'ien-kiun-miao*, « Temple du Prince du Ciel », dont les bâtiments entourant des cours dallées d'une propreté irréprochable, offrent de merveilleux spécimens de l'architecture chinoise. On y remarque des brûle-parfums en bronze du milieu du XVIII⁰ siècle, et du commencement du XIX⁰.

Vis-à-vis, un couvent de bonzesses, le *Tchou-lin-sseu;* il existait, disent les indigènes, avant Lin-ngan.

Parmi les ya-men, on cite celui qu'occupait autrefois le tchen-t'ai ou général de brigade. Il aurait été élevé sur l'emplacement du « boudoir, ou cabinet de toilette », Chou-tchouang, de la dame « Huit Trésors », Pa-pao, femme du fameux général Ti Ts'ing, qui, sous les Song (XI⁰ siècle), conduisit des expéditions victorieuses dans le Midi de l'Empire.

Les citadins sont presque tous des Chinois (Han-jen) ; il y a aussi quelques aborigènes, Lo-lo, Pa-yi, mais cet élément ne se distingue guère du précédent que par de petits détails de la toilette féminine et en ce que les femmes n'ont pas les pieds déformés. Il existerait, en outre, une communauté musulmane assez importante.

Les «Lin-nganais », Lin-ngan-jen, sont considérés comme constituant un groupe à part dans la famille Han-jen, probablement parce qu'ils proviennent de croisements entre des Chinois de diverses origines et les autochtones Lo-lo ou Pa-yi. Leur costume diffère légèrement de celui des autres Yun-nanais : ils portent une longue robe à peu près collante et des pantalons flottants dont ils ne serrent pas les jambières à la hauteur des chevilles, comme le font d'habitude les Chinois. Les gens du peuple endossent par dessus leurs vêtements une soubreveste, tombant plus bas que le genou, fermée sur le devant par des rangées de boutons rapprochées les unes des autres, quelquefois jusqu'à se toucher. Leur coiffure, — le large chapeau de paille plat terminé en pointe, d'un usage général dans toute la province, — est montée sur un haut bandeau d'étoffe rouge qui ceint la tête. Ils font un grand abus de masticatoire, composé de bétel, de noix d'arec et de chaux.

En sortant de Lin-ngan, on traverse un plateau coupé par des lits de torrents.

Ma-fang-kai, sur la rive g. du déversoir du lac de Che-p'ing, puis le pont Kien-long-k'iao, « où l'on voit le Dragon ».

Il érige au-dessus du lit un cintre de marbre percé de trois arches : des degrés interrompus par un palier conduisent, à chaque bout, au tablier sur lequel se dresse un pavillon à deux étages coiffé d'un pittoresque clocheton ; la salle du bas renferme un pagodon ; son tabernacle est muni de portes en bois, sculptées et peintes. Des balustrades sont disposées de part et d'autre de chaque volée et des statues représentant des lions et des éléphants couronnent les extrémités de ces rampes sur les paliers.

Dans la direction N., au milieu d'un vallon et à flanc de coteau, émergent de la verdure les toitures d'un temple, le *Long-wang-sseu*, « Pagode du Roi Dragon », lieu de pèlerinage célèbre dans tout le pays.

Le sentier remonte le cours d'eau, l'aire de la vallée va en se rétrécissant graduellement et bientôt cette dépression ne sera plus qu'une gorge aux parois abruptes.

On traverse quelques hameaux lo-lo. La végétation est parfois assez riche : sur les hauteurs, des pins et des bouquets de bambous ; dans les jardins attenant aux habitations, des arbres fruitiers (poiriers, bananiers), et des plantes d'agrément (roses trémières etc.).

Un petit pont fait passer sur la rive g. près du village de *Hia-po-tchai*, puis le sentier gravit le revers méridional d'un petit plateau, habité par des Chinois et des Pa-yi.

Près du lac, le marché de Sin-kai, (*aub.*) centre d'échanges important fréquenté par les Chinois, les Lo-lo et les Pa-yi ; avant ce hameau le *San-chen-miao* « Temple des Trois génies » et, dans le village le *Ts'ai-chen-tien* « Palais du Dieu des Richesses », divinité protectrice des marchands.

Peu après, le village de *Hai-tong* « Est du lac » (*aub.*)

Le sentier côtoie alors le lac de Che-p'ing sur sa rive septentrionale.

Cette vaste et belle nappe d'eau est appelée dans le pays Che-p'ing-hai, mais les géographes la désignent sous le nom de Yi-long-hou « lac du Dragon merveilleux ». Le bassin aurait 150 li de tour, sa plus grande longueur serait 50 li, et sa largeur maxima 20 li ; il affecte la forme d'une ellipse qui serait disposée du S.-E. au N.-O., mais il est, en fait, irrégulier et tortueux ; on peut se le représenter comme composé d'une succession de cirques s'ouvrant en biais les uns sur les autres. Cette configuration a été bien observée par les géographes chinois, qui la décrivent en disant que le bassin du lac présente neuf coudes ou détours (*k'in*).

Le lac est alimenté par les torrents qui tombent de sa ceinture de hauteurs et par un petit canal qui lui apporte, du N.-O., le trop-plein du grand étang de Pao-sieou.

Les eaux limpides et transparentes semblent absolument calmes, mais la navigation y est, paraît-il, fort hasardeuse et les naufrages y seraient fréquents.

Le lac est très poissonneux : on y pêche, notamment, un poisson appelé par les indigènes Kan-tiao-yu, pesant vingt à trente catties, dont la chair est excellente.

Le niveau des eaux n'est pas constant et, pendant l'hiver, elles baissent dans de fortes proportions, découvrant des bancs de sable et de terre. L'eau, très pure, est considérée comme excellente à boire, et on lui attribue même des vertus curatives contre le goître, infirmité commune dans la contrée.

A mi-chemin de Che-p'ing, on passe au pied du hameau de *Kiang-long-tan*, accroché au flanc d'une colline ; on coupe un éperon laissant à g. en contrebas de la route, sur l'arête, un grand temple dont les constructions dévalent, parmi des bouquets de beaux arbres, jusqu'à la pointe.

Après *Sin-long-t'ang*, village accoté à une muraille rocheuse à pic, la queue du lac est presque complètement comblée par des atterrissements tailladés en longues langues de terre cultivées en riz ; dans l'O. deux mamelons habités.

Ces hauteurs, parfaitement coniques, sont couvertes de constructions cachées dans la verdure : le sommet de chaque cône est couronné de pagodes et se termine en pointe par une tour. L'ensemble est d'un effet très pittoresque. L'île la plus rapprochée est appelée par les Chinois *Wa-touan-chan*, et le groupe d'habitations qu'elle supporte se nomme Siao-chouei-tang-tch'eng. La seconde, beaucoup plus grande, est située au N. et un peu en arrière de la précédente ; on la désigne sous la dénomination aborigène de *Ho-long* ; le village qui y est bâti est dit Ta-chouei-tch'eng. Les deux endroits sont exclusivement peuplés de Lo-lo.

Dans les temps anciens, ces îles servaient de repaires à des bandes de brigands qui vivaient sur le pays. Quand les Chinois s'établirent définitivement dans cette partie du Yun-nan, au commencement de la dynastie des Yuan, Mo-long joua un certain rôle au cours des luttes qui précédèrent la conquête : les Impériaux, chassés de Che-p'ing à la suite d'une révolte des autochtones, s'y réfugièrent et y bâtirent une citadelle où ils purent tenir jusqu'à l'arrivée de renforts.

Tout près de Ta-chouei-tch'eng se trouve un îlot, dont le nom aborigène est *Mong-ki-long* ; il est hérissé de fourrés impénétrables et, paraît-il, infesté de reptiles et d'insectes vénimeux qui en interdisent l'accès.

D'après une tradition, il y avait autrefois dans ces parages une autre grande île habitée. Elle aurait été subitement engloutie, il y a deux cents ans, à la suite d'un violent tremblement de terre et on prétend qu'à l'emplacement qu'elle occupait, on discerne encore aujourd'hui des arbres et des maisons dans le fond du lac.

Au hameau de *Che-tsouo-souo*, une gentille pagode, précédée d'une pelouse encadrée d'une balustrade de marbre, est dédiée aux Génies des eaux, Long-wang « le Roi Dragon », à qui les bateliers et les pêcheurs rendent un culte particulier.

Une digue empierrée, tortillée en zigzag, mène aux faubourgs S.-E. de Che-p'ing.

On rencontre le Houa-long-k'iao « Pont qui métamorphose (des poissons) en dragons ».

Son tablier est entièrement recouvert par un kiosque à étage, — le K'ouei-sing-ko « Pavillon de la constellation K'ouei. »

Les noms que portent le pont et le kiosque sont des allusions poétiques aux honneurs littéraires. L'étudiant qui a subi avec succès les examens et qui s'élève ainsi de la condition d'un simple particulier au rang de dignitaire de l'Empire, est comparé aux poissons qui, d'après la légende, se métamorphosent en dragons quand ils réussissent à franchir un certain rapide au courant excessivement impétueux. D'autre part, la mythologie chinoise place dans les constellations K'ouei et Wen-tch'ang, le séjour du Dieu de la Littérature ; ces astérismes sont eux-mêmes considérés comme étant des divinités tutélaires des Lettrés.

Tong-kouan-tchouang « Bourgade de la Barrière de l'Est », est le faubourg de la ville.

Che-p'ing-tcheou. — C'est un chef-lieu d'arrondissement de première classe, dépendant du Lin-ngan-fou ; une compagnie de cinquante hommes y tient garnison. La ville (*aub.*), 6.000 hab., est située dans une plaine très peuplée.

La région était appelée autrefois par les Lo-lo qui l'habitaient Kicou-hin, mot que les Chinois traduisent par « Pagode ». Elle était le patrimoine d'une tribu d'autochtones nommés les Niaoman, qui y fondèrent le petit centre de Mo-tong. Sous les Song, les rois d'A-mi s'emparèrent de la contrée et y bâtirent une ville qui est considérée comme étant l'origine du Che-p'ing actuel : c'est de cette époque que daterait ce nom qui signifie, d'abord, « Plateau pierreux » ; la cité primitive avait été établie, dit-on, sur une petite plaine rocailleuse de cinq li carrés, plus dans le N.-O., à Pao-hieou.

Le « pays de Che-p'ing », Che-p'ing-yi, fut rattaché à l'Empire au commencement de la dynastie des Yuan, en 1270, et devint un district relevant du Lin-ngan-lou. Sous Hong-wou, des Ming, en 1382, le caractère représentant le mot « Plateau », dans le nom de la ville, fut remplacé par un autre signifiant « paravent », — la région étant regardée, par suite de sa position sur le rebord d'un gradin de montagnes, comme figurant un écran dressé entre la Chine propre et les territoires des Barbares méridionaux (vallée du Fleuve Rouge, An-nam). — Les géographes indigènes décrivent aussi cette configuration physique, d'une façon très pittoresque, en disant que, par rapport à ces territoires, le district de Che-p'ing ressemble à un collet d'habit.

La ville ne fut entourée d'une enceinte qu'en 1552. La première muraille, de terre battue, ne tarda pas à disparaître, et, en 1597, on éleva sur ses vestiges un rempart en briques.

L'enceinte, de forme ovale, est crénelée et percée de quatre portes décorées de kiosques à leur partie supérieure. Sur la porte de l'E., on lit ce nom poétique : Hai-je-men « Porte du Soleil (se levant) sur le Lac »; sur une tablette suspendue à l'extérieur du kiosque est gravé ce souhait: « Puisse le talent littéraire se manifester et illustrer notre pays natal ».

Une « Grand'rue », Ta-kai, divise la cité en deux ; sur elle débouche l'entrée des principaux monuments.

Parmi les pagodes : *Tchou-t'ien-sseu*, « Panthéon ». Les cours dallées, étagées en terrasse, sont ornées de superbes bronzes, et égayées par quelques grands arbres.

Wen-miao, près le ya-men du sous-préfet, est entouré d'un parc planté de conifères.

Si-tchouen-ti, dans le faubourg O., est une jolie pagode ; au milieu de jardins bouillonnent des fontaines d'eau froide, saturée de sels calcaires et dont les bulles de gaz viennent crever à la surface.

Plus encore qu'à Lin-ngan, la population provient ici de croisements entre Chinois et aborigènes. Aussi, les « gens de Che-p'ing », Che-p'ing-jen, sont-ils considérés comme formant un agrégat bien distinct, ayant des caractéristiques très particulières. Les naturels de la région sont exclusivement des Lo-lo (Nie-sou). Ceux qui habitent la ville et sa banlieue, de même que les T'ou-lao de Mong-tseu et de Lin-ngan, sont en voie d'assimilation et on les distingue d'autant moins des Han-jen du pays que le physique de ces derniers rappelle fortement le type autochtone. Cependant les femmes Lo-lo sont facilement reconnaissables, parce qu'elles ne se serrent point les pieds. De leur costume primitif, aujourd'hui remplacé par le vêtement de la paysanne, ou de la petite bourgeoisie chinoise, elles ont conservé un bien curieux vestige : c'est une corne triangulaire qui descend sur le front, la pointe venant recouvrir la racine du nez. Cette corne, composée de petits morceaux

d'étoffes superposés, est, chez les personnes de la classe aisée,passe-
mentée de filigrane d'or, sertie de verroteries ou de pierres de couleur. La chevelure est étalée en un large chignon plat, dont
l'épaisseur est augmentée par un bandeau qui s'engage sous les
cheveux et auquel sont cousues la corne, puis une élégante pen-
deloque qui retombe le long de l'oreille droite. Les jeunes filles ont
le front ceint d'une sorte de diadème en étoffe brodée de couleurs
vives, agrémenté de perles et d'applications en argent, qui est
découpé en pointe dans sa partie antérieure.

Les Han-jen de Che-p'ing jouissent d'une réputation d'intelli-
gence et d'aptitude au commerce qui est très méritée ; cette petite
ville a peuplé de ses émigrants la plupart des centres commer-
ciaux du S.-O. du Yun-nan. Par contre, ils paraissent très soucieux
de préserver leur ville natale d'un envahissement par des éléments
étrangers et d'y garder la prééminence ; c'est ainsi que, les Sseu-
tch'ouanais étant par excellence le facteur de peuplement du Yun-
nan, des lois municipales interdisent, paraît-il, aux Chinois du
Sseu-tch'ouan de s'établir dans un rayon de trente li autour de
Che-p'ing.

La ville est renommée pour ses incrustations d'argent sur
cuivre dites Che-p'ing-houo « articles de Che-p'ing ».

Des convulsions du sol se font souvent sentir dans cette région.
En 1798, la ville fut presque entièrement détruite par de fortes
secousses, qui se produisirent presque sans interruption pendant
près de huit mois. En 1887, une commotion, la plus terrible de
toutes celles dont on a gardé le souvenir, jeta par terre les quartiers
sis en dedans d'une ligne imaginaire, tirée diagonalement du
S.-O. au N.-E. ; mille personnes furent tuées et trois mille autres
grièvement blessées. Dans ces diverses catastrophes, le secteur
N.-O. de la ville fut généralement indemne.

5. De Che-p'ing-tcheou à Sseu-mao-t'ing.

par Bons d'Anty

Che-p'ing-tcheou (Voir. Route 4). On quitte la ville par
la porte O., à laquelle fait suite un long faubourg. Vers la
fin de la rue, un grand magasin de librairie, puis sur la
droite le temple *Si-tchouen-ti*, où sont les sources calcaires.

Le sentier monte sur le talus septentrional d'une chaine
de collines aux flancs arrondis mais assez abrupts. Le bas de
ces hauteurs, souvent boisées, est ponctué de hameaux
masqués par des rideaux de verdure.

Le petit étang de *Ko-kia-p'ou,* puis le bassin du lac de
Pao-sieou.

Cette nappe d'eau circulaire doit avoir un peu plus de quinze
cents mètres de diamètre. Le pourtour est découpé par de nombreuses anses et presque partout garni d'une ceinture, souvent très
large, d'atterrissements, plantés principalement de riz : des prairies
humides, que des lotus recouvrent d'un tapis vert et rose, s'y étalent
çà et là. Au N. et au S., le bassin est enserré entre des chaînes de
hauteurs. Le relief méridional est très élevé en son centre : ce

pâté montagneux porte le nom de Pao-chan; on y trouve, parait-il, des pierres précieuses qui ressemblent à de grosses perles.

Le bourg de **Pao-sieou** (3.000 h.), s'étend en longueur sur la route, bordant une grande partie du rivage N. du lac.

Il y a dans cette agglomération, un air de prospérité et nombre de belles constructions : Une maison, dont la façade de bois est sculptée et rehaussée de peintures ; le *T'ien-lou-sseu*, « Monastère des faveurs célestes »; un bureau de la ferme des gabelles, qui a une porte très décorative s'ouvrant en haut d'un perron élevé faisant saillie sur la rue. Parmi les monuments publics : le temple dédié au « Dieu de la guerre *Kouan-ti*, marque l'entrée du bourg, penché sur la déclivité raide d'un mamelon, au milieu d'un bois épais ; le *T'ai-ho-sseu*, « Pagode de la Concorde », devant lequel se tient le marché.

Dans la plaine, de nombreux hameaux : à la limite occidentale du bassin, au sommet d'une dépression appelée Kin-ki-kou «Val des Faisans », une pagode dédiée à *Kouan-ti*, le Mars chinois.

D'une petite plate-forme, on découvre ici une très belle vue vers l'E.

Ce col (1700 m. d'alt.) franchi, on a quitté le versant des eaux de Canton et on entre dans le bassin du Fleuve Rouge.

Le pays devient plus sauvage ; dans les vallées pro-fondes, les habitants sont en proie aux fièvres paludéennes. Le tigre, la panthère, le sanglier abondent dans cette région.

Pa-pao-chou a ses cases bâties en pierres sèches, avec des toits horizontaux en torchis.

La descente s'accentue et le chemin reste dans le fond même du couloir.

La vallée débouche enfin dans celle du Siao-ho-ti « Petit Fleuve Rouge », affluent de g. du grand fleuve ton-kinois. L'altitude du cours d'eau est seulement 980 m. ; la rivière est assez profonde pour justifier la présence d'un bac.

Dans le S., un important massif de hauteurs, dont les sommets atteignent 2.500 m. ; on contourne cette chaine par l'O. Les autochtones sont des Lo-lo de la tribu P'ou-lo.

Lao-wa-tsing. — Ta-chao; dans ce hameau, une pagode dédiée au « Dieu de la guerre », Kouan-ti, a été élevée en 1759.

À *Tchong-ki-chou*, presque tous les habitants sont affligés de goîtres hideux et semblent atteints d'idiotie. Les maisons disparaissent dans le feuillage d'énormes noyers et de bambous géants ; on rencontre encore des fougères, des alpinia et, parmi les grands arbres, de **magnifiques conifères** ressemblant à des sapins du Nord.

Siao-chao, (aub.); la rue du village s'élève par une pente rapide ; elle est divisée en degrés au moyen de troncs d'arbres, couchés en travers.

Au petit plateau de *Tsio-kin*, des habitations Lo-lo de la tribu Chan-sou.

Houang-mao-ling, d'où part un sentier sur *Ts'ing-long-tchang* qui, pendant six mois de l'année, devient le siège administratif de la préfecture de Yuan-kiang.

Lou-tong-pouo (aub.). On y voit des poiriers, des pêchers, des noyers, des bananiers, des saules-pleureurs, etc. (1.700 m. d'alt.)

Le sentier descend vivement, et bientôt la plaine de Yuan-kiang est en vue, ainsi que la vallée latérale d'un gros torrent, affluent de droite du Fleuve, le Tsing-chouei-ho.

Che-houei-yao « Fours à chaux ».

On trouve le petit ruisseau de Che-houei par 730 m. d'alt. ; et l'on est, peu après, sur la rive g. du Fleuve Rouge.

Dans une petite construction en briques, une tablette commémorative rappelle que la maison a été élevée pour servir d'abri aux voyageurs, sous le règne de T'ong-tche, par un préfet du lieu, désireux de perpétuer le souvenir de son administration. Sur l'inscription, le fleuve Rouge est désigné sous le nom de Li-kiang.

Pendant la saison sèche, un pont de **bateaux** est tendu en travers du fleuve, mais, à l'époque où les crues sont attendues, on le disloque et un bac le remplace.

Yuan-kiang-tcheou, 6,000 hab., est une préfecture de seconde classe, tche-li-tcheou. La ville, habitée pendant la saison froide, est désertée par les deux tiers des citadins, de la cinquième à la huitième lune (juin à octobre); les familles aisées et l'administration se transportent, en été, à 20 kil. de là, sur la route de Yun-nan-sen, à Ts'ing-long-tch'ang. Les fièvres paludéennes et la peste sont les **causes de cette** migration.

Les **Thai** connaissent Yuan-kiang sous l'appellation de **Mong-tchong**; en chinois, un nom littéraire est Yuan-yang ou Wou-t'ai.

La conquête de cette région par les Chinois ne date guère que du milieu du xiiie siècle, à l'époque de la dynastie des Yuan, qui a donné son nom à ce territoire.

À l'origine, le pays, habité uniquement par des aborigènes, s'appela Houei-long-tien et Yin-sou-pou. Il entra dans l'histoire quand il fut incorporé aux possessions des souverains yun-nanais de la famille Mong qui le nommèrent Yin-cheng et le divisèrent entre dix chefs présidés par un tsie-tou-che « gouverneur ». Plus tard, la contrée fut absorbée par les Wo-ni (Tsie-mo, Tou-man, A-mi, etc.) qui, en 1206, au cours de l'invasion chinoise, fondèrent une citadelle sur l'emplacement occupé par la ville actuelle. En 1277, les Mongols ne pouvant s'emparer de cette place forte, en construisirent une autre dans les environs et y installèrent un mandarin portant le titre de wan-hou « (chef de) dix mille familles » du « Fleuve des Yuan », Yuan-kiang. Enfin en 1229, les aborigènes firent leur soumission et on créa alors le département (lou) de Yuan-kiang qui, comprenant douze districts, engloba, avec les nouveaux territoires acquis à l'Empire, ceux qui, y ayant été rattachés auparavant, formaient déjà la circonscription de Wei-yuan. Sous les Ming, en 1382, le département « lou » fut changé en « fou », confié à un « préfet ayant des pouvoirs civils et militaires » kiun-min-fou, en 1406. Cependant, l'administration directe restait aux mains de deux chefs aborigènes appartenant à une famille dont le nom patronymique était Na. En 1552 les Chinois, prenant occasion d'une tentative de rébellion dirigée par l'un de ces chefs, Na Tsie, restreignirent les prérogatives et les pouvoirs de ces principicules, puis, à la suite de nouveaux soulèvements, ils substituèrent, en 1661, leur autorité immédiate à ce gouvernement local.

Sous la dynastie régnante, la préfecture fut abaissée d'une classe et l'on diminua l'étendue de la zone relevant de la ville. Du tche-li-tcheou dépend un arrondissement, celui de Sin-p'ing-hien, sur la rive gauche du fleuve; ce territoire est peuplé de Lo-Lo, dits Ta-t'eou « grosses-têtes ».

L'enceinte est de forme rectangulaire avec des angles arrondis, crénelée et flanquée de bastions, mais basse et peu épaisse, et d'un trop grand développement pour le nombre d'habitants qui y demeurent.

La ville est divisée en quatre quartiers par deux rues se coupant à angles droits par leur centre et correspondant aux portes placées aux points cardinaux. Les maisons, presque toutes à toits plats, sont chétives et d'extérieur misérable. L'eau potable est fournie par des puits creusés dans la ville même.

De **Yuan-kiang** partent d'autres routes :

Sur **Yun-nan-sen**, 10 étapes : Ts'ing-long-tch'ang, 65 li; Yang-wou-pa, 70 li; Yang-mao-tcheng, 60 li; Chen-ngo, 70 li; Ho-si-hien, 75 li; T'ong-haï, 30 li, où l'on rejoint la grande route de Mong-tseu à Yun-nan-sen.

Sur **Man-hao.**

En sortant de la ville par la porte S., on remonte le

cours du Ts'ing-chouei-ho que l'on franchit sur un pont de trois arches.

Le sentier s'élève rapidement, parfois taillé en escalier.

Après *Mo-hong-ngan-chan*, ou Pan-pouo-t'ang « Halte à mi-côte », on atteint une ligne de faîte sur laquelle est bâti le *Hou-tch'eng-miao* « Temple tutélaire de la ville », assez vaste pagode entourée de murs, mais dont les bâtiments tombent en ruines.

La déesse Kouan-yin y partage avec le « Dieu de la guerre » Kouan-ti, le soin de détruire les mauvaises influences et les effluves délétères qui se dégagent, paraît-il, de ces montagnes.

On remarque de superbes statues, notamment des représentations, grandeur naturelle, très réalistes, de bonzes hindous.

Mo-lang pouo (aub., dont un Kong-kouan). Le hameau se continue au-dessus de l'hôtellerie par une rue coudée grimpant en écharpe sur le bas des puissants mamelons qui couronnent le massif, au bord de profondes dépressions.

Sur la g., *Ta-mo-lang*, village de Hei-lo-lo « Lo-lo noirs ». En un point situé à l'altitude de 1700 m , on découvre une dernière fois la vallée du Fleuve Rouge.

Quelques villages sont ensuite habités par des Ho-ni de la tribu des Saupi, des Lo-lo appelés Lo-mi ou Logni.

Kao-kien-tsao, puis le sentier descend dans la vallée de Na-tsa-lou-tong où se trouve le hameau de *San-pan kiao* par 1100 m. d'alt.

Le sentier devient très accidenté et sinueux.

Ta-ma-tchang. Sur les hauteurs voisines, on voit des « edelweiss ».

Ta-si-tch'ang, (aub.), poste militaire de dix hommes. — *Che-li-p'ou*, petit poste de milice. — On atteint un col (1750 m.) à *Pei-yin-chan*, où habitent des Min-kia (Lo-lo).

On entre dans le bassin de la Rivière Noire, par la vallée du Kouei-tsing-ho.

Tien-tsong-pa, ou Ti-so-pa d'après la prononciation locale, est dans une plaine couverte de rizières.

On s'engage dans un couloir étranglé long de 2 kil., les gorges de Siao-wan « des courts méandres ».

A *Kai-tseu-pouo*, (poste de milice), on entre dans l'arrondissement de T'a-lang-t'ing.

Chouei-kouei, sur la rivière du même nom. Plus loin par 1700 m. d'alt. on gagne le versant de la rivière de

T'a-lang. En avant de la ville, un temple dédié au dieu local.

T'a-lang-t'ing est le chef-lieu d'un arrondissement de première classe (t'ing) dépendant de la préfecture du P'oueul-fou ; une compagne d'infanterie y tient garnison.

Le pays de T'a-lang fut réuni au royaume de Nan-tchao (Yunnan) par les souverains Mong, mais le chef-lieu de cette région était dans la ville appelée aujourd'hui Ngen-lo-hien.
C'est seulement sous les Yuan que la contrée commença à être rattachée à l'Empire (XIII° et XIV° siècle), cependant, les aborigènes gardèrent longtemps leur autonomie, le gouvernement Impérial s'étant borné, au début, à les placer nominalement sous la dépendance du département (lou) de Yuan-kiang. L'incorporation définitive ne s'effectua que sous le règne de Yong-tcheng en 1726. Une muraille de terre fut alors construite à l'emplacement de la ville actuelle. T'a-lang est, depuis cette époque, le chef-lieu d'un t'ing.
Les Po-wo-ni « Wo-ni blancs », — dans leur langue Pi-yo, — de la race des Lo-lo, forment le fond de la population du district ; les Thai n'y ont que peu de représentants.

T'a-lang est bâti au pied d'une montagne, dans le prolongement d'un petit contrefort. Les ondulations de la hauteur s'abaissent par ressauts en gradins et les différentes parties de la ville sont ainsi étagées les unes au dessous des autres, dévalant du N.-E. au S.-O., à l'intérieur de deux enceintes concentriques, de forme rectangulaire. Dans le haut, la ville officielle, « tch'eng », est entourée d'une muraille crénelée en adobe, percée d'entrées bastionnées aux quatre points cardinaux.

Le commerce est presqu'entièrement confiné dans le faubourg du Sud, où la circulation est très active.

Les ya-men et les temples sont ordinairement en mauvais état. Les musulmans, fort peu nombreux, ont une petite mosquée, li-pai-sseu.

Au delà de T'a-lang, on traverse le Pao-mao-ho, sur un tablier en bois reposant sur deux piliers en pierres.

A chaque bout, une longue travée couverte d'un toit en tuiles, et, au centre, un kiosque à étage, coiffé d'une toiture décorative.

Lai-pong; il y aurait aux environs des gisements aurifères.

La population de cette région est lo-lo, de la branche des **Wo-ni**, à laquelle il faut adjoindre quelques Chinois.

Le sentier grimpe rapidement sur *Hei-long-t'an,* réunion de quatre à cinq cases. — *Ngan-lo-chouei-tsing* ; puis on gagne les vallées qui débouchent dans le A-mo-sin-ho.

Un petit pont d'une arche, en pierre, est jeté sur le cours tumultueux du Pou-sin-ho, affluent du Pou-kou-kiang; tout près est le village de *Pou-sin-k'iao-ts'ouen*.

Les aborigènes sont ici des Wo-ni et des Kha-to.

Tch'an-lou-p'ing (aub.; Kong-kouan) à 1,000 **m.** d'alt.

On franchit le Pou-kou-kiang, tributaire de la Rivière Noire, sur un élégant pont en fer (t'ie-souo-k'iao), hardiment lancé à une dizaine de mètres au-dessus du lit; son nom est Tchong-ngai-k'iao, « Pont de la sollicitude patriotique ».

Ces « ponts de câbles » sont nombreux dans les pays de montagne, au Yun-nan, au Ssen-tch'ouan et au Tibet. Le passage, sur ces ponts suspendus, est réglementé afin de diminuer la trépidation et les accidents.

Sur la muraille qui regarde l'escalier, immense plaque de roc vif, on a gravé divers documents relatifs aux travaux d'érection du pont : liste des souscripteurs, compte des recettes et des dépenses, etc., etc. On lit que cette œuvre hardie a été achevée, en 1894, après cinq ans de travail et que les frais totaux, soldés par une souscription publique, se sont élevés à 10.300 taëls. Deux proclamations versifiées, provenant du tao-t'ai et du général de P'ou-eul, font connaître qu'aucun droit de péage n'est exigé, mais il est prescrit de ne jamais marcher plus de quatre ou cinq en même temps sur le tablier, de ne pas courir, etc.

L'aire du pont a 154 pieds de long et 20 de large : elle comprend douze chaînes au tablier et deux autres de chaque côté comme garde-fous.

A l'extrémité, sur un portique, est sculptée dans un cartouche une inscription ainsi conçue : « Un arc-en-ciel enjambe le firmament ». Cette phrase contient une allusion littéraire, basée sur une gracieuse figure, d'usage courant en poésie, par laquelle on compare les ponts à des arcs-en-ciel. La métaphore est attribuée au célèbre poète l'ou Fou, de l'époque des T'ang (viii° siècle). Admirant les mille ponts disséminés dans les parcs, il se serait écrié : « Il ne pleut point: d'où vient qu'il y ait tant d'arcs-en-ciel ? »

On gravit une arête de hauteurs, limitée des deux côtés par des torrents. Quelques hameaux. Après *Chen-k'eou* « Profonde tranchée », le sentier atteint 1.700 m. d'alt. dans un petit col entre deux mamelons.

Tong-kouan, poste militaire, résidence d'un délégué civil.

On descend dans la vallée du Pa-pien-kiang, la Rivière Noire du Tonkin, habitée principalement par des Pa-yi (Thaï), tandis que la montagne est occupée par des tribus lo-lo.

Sur ce cours d'eau, un autre pont suspendu, le Ta-kong-k'iao « Pont de l'intérêt général ». Sa longueur est de

164 pieds; il comprend onze chaînes au tablier, plus une autre de chaque côté; il fut terminé en 1888 et coûta 9.800 taëls; les frais furent couverts par une souscription.

Chang-pa-pien (aub.), connu par les Thaï sous le nom de Meng-te, était le chef-lieu d'une petite principauté pa-yi, que les Chinois ont supprimée lors de la révolte musulmane. Le village est à 900 m. d'alt.; le sentier monte rapidement et atteint un col par 1.700 m.

Wou-li-tsing « Puits des cinq li », près d'une source. — *Kong-tsio-p'ing*.

Avant Mo-hé, la rivière est franchie par un pont en dos d'âne.

Mo-hé (aub., Kong-kouan), corruption du mot thaï Mong-hé, est la résidence d'un fonctionnaire des gabelles, et délégué civil du tao-t'ai.

A 3 kil. en amont et sur la même rive, sont les puits salants, qui fournissent du sel à une zone très étendue de la province du Yun-nan. L'exploitation des salines par les Chinois date de 1725: un bourg s'est créé sur les lieux mêmes, *Sin-kai*.

Après avoir atteint une altitude de 1.900 mètres, le chemin descend vers le versant du P'ou-eul-ho, tributaire du Mékong.

Brusquement à un détour de la route, on touche à la muraille orientale de P'ou-eul.

P'ou-eul-fou. Aub. *Jen-ho-tchan* « Hôtellerie du Bon Accord ».

Préfecture de première classe, siège de la lieutenance (tao), de *Yi-nan* « vers le midi », de la sous-préfecture de *Ning-eul hien*, et d'une brigade de troupes chinoises placée sous le commandement d'un tchen-t'ai.

D'après les légendes, les peuples du royaume de Sa-li, les Sip-song-pan-na, ou Tch'o-li actuel, auraient reconnu la suzeraineté de la Chine à une époque très reculée. Beaucoup plus tard, les troupes du général Ti Ts'ing, des Song, y laissèrent comme partout où elles passaient, des colonies militaires. Cependant, les habitants des Sip-song-pan-na n'ont commencé à payer tribut à l'Empire que sous la dynastie des Ming, au XIVe siècle.

Auparavant, les Douze Mœung ont subi les vicissitudes éprouvées par tous ces petits États du sud du Yun-nan, voyant sans cesse leur indépendance menacée tantôt par le Siam ou la Birmanie, tantôt par des aventuriers chinois.

En 1665, un petit centre administratif dirigé par un adjoint, *t'ong-pan*, du préfet de Yuan-kiang, était établi sur l'emplacement de P'ou-eul, où l'on construisit une enceinte en pisé, embryon de la ville. En 1729, l'assimilation des populations était si avancée que, sous le nom de P'ou-eul, il fut érigé une préfecture.

P'ou-eul est assise au sommet de la plaine, à l'ombre de la colossale pyramide calcaire, dite P'ou-eul-ngai-tseu, qui fait saillie sur la lisière occidentale de ce petit plateau.

Les rues sont empierrees ou dallées avec des blocs de brèche violette. Leur réseau est régulier, les diverses voies courent parallèlement les unes aux autres ou se coupent d'équerre.

Les constructions, plutôt basses, sont de confortables bâtiments couverts en tuiles. Une végétation naine, qui pullule sur des toitures, leur donne un aspect tout à fait singulier.

La population urbaine renferme surtout des Chinois (Han-jen), originaires en grand nombre de Che-p'ing.

On quitte la ville par le Faubourg du Sud, ou est l'Académie, ou Kong-hio.

Sur le plateau, de nombreux villages, parmi lesquels le bourg de La-men-k'eou.

On gagne le petit bassin du T'eou-tao-ho; on passe un de ses affluents sur un pont en dos d'âne, construit en 1748. Ici viennent aboutir les routes qui favorisent la pénétration commerciale vers les Montagnes à thé et les Sip-song-pan-na ou Che-eul-pan-na. Sur la gauche, un sentier conduit aux puits salants de Che-kao-tsing à 6 kil. N.-E.

Un autre pont, peu après, le Pou-ngan-k'iao, fut construit en 1819.

Na-ko-li (aub.).

On arrive, en haut d'une forte côte pavée, au point culminant, par 1,9.0 m. d'alt.; les cimes du massif ne s'élèvent guère qu'à une cinquantaine de mètres au-dessus. On est sur le rebord septentrional du plateau de Sseu-mao, d'où l'on jouit d'une fort belle vue. Des hameaux semblent noyés dans de frais bocages, la ville elle-même apparait vers le centre de l'immense cuvette, juchée sur une ligne de coteaux se rattachant au relief oriental.

Sseu-mao-t'ing. (Sze-mao, *a*). Chef-lieu d'un arrondissement de première classe de la préfecture de P'ou-eul; sur le 22°47' de latit. N., et le 98°26' de longit. E. de Paris, garnison chinoise ; 10,000 hab.

Consulats : de *France*, au Ts'ai-chen-miao ou « Temple du dieu de la Fortune »; d'*Angleterre*.

La cité a été ouverte au commerce franco-annamite par la convention sino-française de 1895 ; le commerce anglais a profité de cette clause par la déclaration anglo-française du 15 janvier 1896. Les échanges sont évalués annuellement à 300.000 taëls.

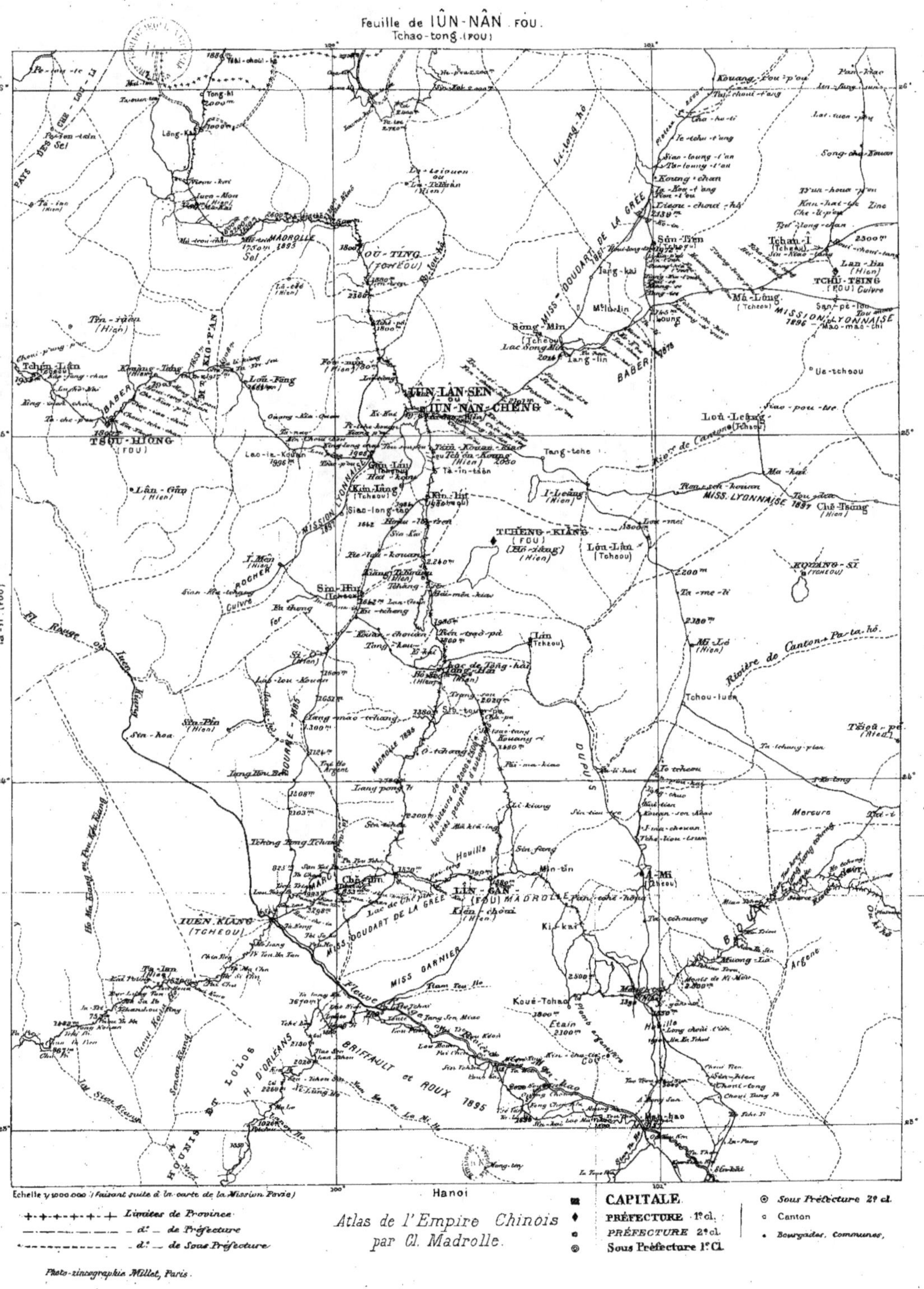

Feuille de IÛN-NÂN FOU.
Tchao-tong (FOU)
Atlas de l'Empire Chinois
par Cl. Madrolle.
Echelle 1/2.000.000 (faisant suite à la carte de la Mission Pavie)
Photo-zincographie Millet, Paris.
Hanoi
CAPITALE.
PRÉFECTURE 1ᵉ cl.
PRÉFECTURE 2ᵉ cl.
Sous Préfecture 1ᵉ Cl.
Sous Préfecture 2ᵉ cl.
Canton
Bourgades, Communes.
Limites de Province
d.° de Préfecture
d.° de Sous Préfecture
IÛN-LAN-SEN ou IÛN-NAN-CHENG
TSOU-HIONG (FOU)
OU-TING (FOU)
TCHÛ-TSING (FOU)
TCHENG-KIANG (FOU)
IUEN-KIANG (TCHEOU)
LIN-GAN (FOU)
MISSION LYONNAISE
MISS. DOUDART DE LA GRÉE
MISS GARNIER
BRIFFAULT et ROUX 1895
BABER
DUPUIS
PAYS DES LOLOS
Fl. Rouge
Ta-li (FOU)

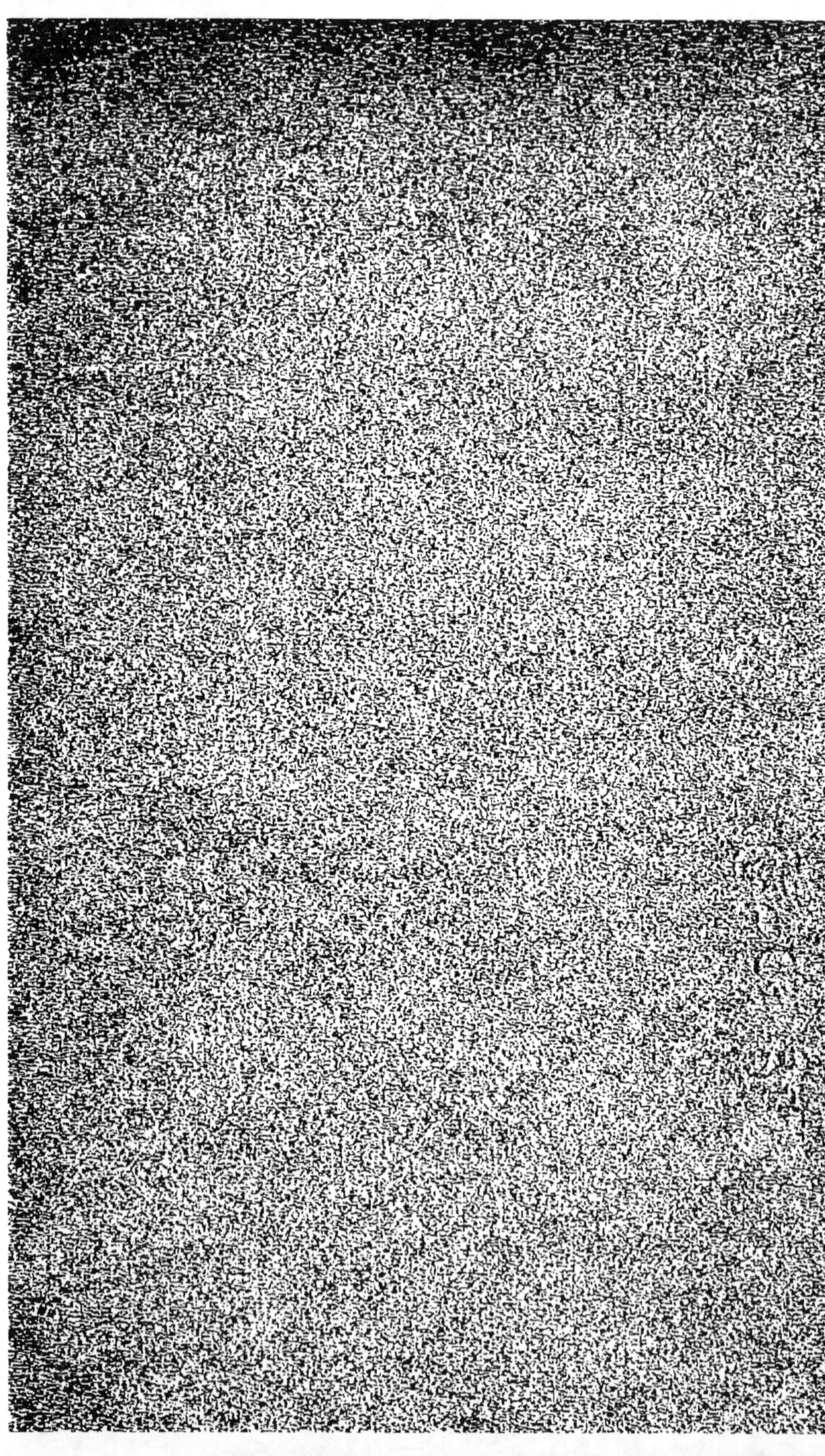